Ida Bohatta

Sankt Nikolaus

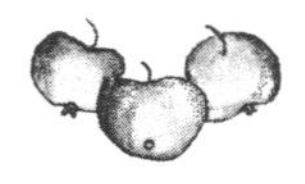

ars edition

Sankt Niklaus träumt von seinem Weg
mit all den vielen Mühen,
dann träumt er von der Weihnachtszeit,
von Ostern und vom Blühen.
Und hat grad von der Erntezeit
zu träumen angefangen,
da wird er ganz leis' aufgeweckt.
Es ist ein Jahr vergangen.

IBM

Ein kleiner Engel kommt daher,
muß bitter sich beklagen;
weil es noch freche Kinder gibt,
soll er die Rute tragen.
Es wollen alle artig sein
und gar nichts Böses machen,
so daß man keine Rute braucht,
dann kann der Engel
lachen!

IBM

Wer hat seine Stube bereit gemacht?
Wer hat an die Kranken freundlich
gedacht?
Wer hat den Armen zu Essen gebracht?
Wer hat ein Herz, so gut
und so rein?
Wer läßt den heiligen Nikolaus ein?

Du bist so gut, Sankt Nikolaus,
schenkst alles gerne her,
und bis du in den Himmel kommst,
ist auch dein Säckchen leer.
Wir danken dir, weil du so lieb
zu uns gewesen bist.
Nimm drum Gebete von uns mit
für den Herrn Jesus Christ.

Wer gut zu allen Tieren ist,
darf in dem Häuschen wohnen.
Dann kommt der heil'ge Nikolaus,
ihn reichlich zu belohnen.
Wir pflegen unser Hündchen gern
und werden Vögeln Futter streu'n,
wir haben unsere Katze lieb
und ziehen schnell ins Häuschen
ein.

BM

Sankt Niklaus geht von Tür zu Tür
und gibt recht sorgsam acht,
damit das kleine Engelchen
auch alles richtig macht.
Und ist ein Kind besonders lieb,
gibt Niklaus seinen Segen,
dann muß der Engel in den Schuh
ein Extrastückchen legen.

IBM

Sankt Nikolaus hält Schule
im Jahr nur einen Tag,
und jeder darf sein Schüler sein,
wenn er nur lernen mag.
Sankt Nikolaus zeigt uns den Weg
zum Himmelreich empor,
wer arme Menschen gern beschenkt,
rückt eine Klasse vor.

Im nächsten Jahr bin ich schon groß,
da helf ich dem Sankt Nikolaus
und geh zu armen Kindern hin
und trage Nüss' und Äpfel aus.
Dann hat das kleinste Engelchen
nicht mehr so weit zu fliegen
und kann um diese Zeit schon längst
in seinem Bettchen liegen.

BM

Bohatta-Bilderbücher
zum Aussuchen,
für Kinder gemalt
und geschrieben
für die Weihnachtszeit
und den Winter

ars edition

Bohatta: Blümlein im Winter
Bei den Wurzelmännlein
Eisbärli
Eismännlein
Heinzel wandert durch das Jahr
Die Himmelsküche
In den Wurzelstübchen
Mäuschensorgen
Piep und Maus im Winter
Sankt Nikolaus
Schneeflöckchen
Sternschnuppen
Helwig: Lebkuchen-Märchen
Weihnachtsengelein
Schmid: Es hat sich eröffnet
Sankt Nikolaus kommt
Scholly: Schnee und Eis

Ausstattung und Herstellung ars edition
Printed in West-Germany · ISBN 3-7607-6050-3